CÓMO SER CO-PADRE CON UN NARCISISTA

CÓMO SER CO-PADRE CON UN NARCISISTA

HANLEY STANLEY

CONTENTS

Capítulo 1: Introducción	1
Parte I: Entendiendo el narcisismo en la crianza c	3
Parte II: Establecer límites con un co-padre narci	6
Parte III: Cultivar la paz y la estabilidad en la	9
Parte IV: Centrarse en la crianza de niños seguros	13
Conclusión	16

Copyright © 2025 by Hanley Stanley
All rights reserved. No part of this book may be reproduced in any manner whatsoever without written permission except in the case of brief quotations embodied in critical articles and reviews.
First Printing, 2025

Capítulo 1: Introducción

Lidiar con la crianza compartida con un narcisista tóxico es una de las experiencias más desafiantes que uno puede enfrentar como padre y como adulto. La naturaleza extrema de los narcisistas (su necesidad de control y manipulación) puede convertir hasta los intercambios parentales más simples en un campo de batalla. Debido a que el narcisismo tiene sus raíces en el amor propio, no es ilegal ni suele ser una razón principal para que un tribunal restrinja el tiempo de un padre con sus hijos. En consecuencia, después del divorcio, debemos aprender a construir una nueva vida como padres compartidos en paralelo con un ex tóxico. En este libro, exploraré temas clave como mantenerse a salvo, establecer límites, encontrar la paz y criar hijos seguros a pesar de los esfuerzos del padre compartido por alterar estos objetivos.

Como autora, coach y oradora que ha pasado por una experiencia complicada de crianza compartida, con frecuencia me encuentro con personas que atraviesan situaciones terribles de crianza compartida. Los problemas que enfrentan son diversos, y a menudo incluyen cómo compartir información entre hogares, proteger a sus hijos y reconstruir sus vidas como padres solteros. Muchos buscan herramientas para manejar a sus ex parejas narcisistas, con el objetivo de mantener la paz o establecer límites más fuertes cuando sea posible. En última instancia, muchos padres quieren sentirse más seguros de su capacidad para fomentar un entorno seguro para sus hijos.

Comprender los rasgos narcisistas en la crianza compartida

¿Alguna vez has soñado con que tu copadre se recupere de su trastorno de personalidad? ¿Te lo imaginas convertido en una persona más amable, más curiosa contigo, más sabia y más colaboradora en el cuidado de tu hermoso hijo? Para muchos, esta fue la esperanza inicial en su camino de crianza compartida con un narcisista: que el exilio del narcisista de la buena voluntad, la salud y la humanidad podría no ser permanente. En nuestros momentos más oscuros, ¿quién no ha deseado que el universo perdonara a los hijos de un narcisista, rebosante de amor, en un milagroso giro cósmico? Esta esperanza sostiene la buena voluntad que tienes hacia tu copadre.

Los tribunales de familia comparten dos cosas contigo sobre la crianza compartida con un narcisista: primero, también desean la buena voluntad futura de los padres compartidos. Los jueces entienden que una relación de crianza compartida exitosa beneficia a todos, particularmente a los niños. Segundo, tanto el tribunal como tu buena voluntad reconocen que las herramientas de seducción del narcisista son impecables. Pueden manipular tus deseos con una imagen de lo que deseas, a menudo desarmándote demasiado tarde.

Pero sigamos adelante. Exploremos cómo descubrir la libertad que no depende de la buena voluntad de nuestros co-padres. En cambio, podemos invitar a su gracia, participar de ella y ser testigos, mientras ellos se sienten energizados por nuestra invitación a la pasión, de cómo su amor como padres fluye hacia la vida de nuestros hijos. Así es como se comportan los padres verdaderamente buenos, capaces de buena voluntad.

Parte I: Entendiendo el narcisismo en la crianza c

Cuando hablamos de crianza compartida, es normal hablar de cooperación y colaboración en el cuidado parental. Sin embargo, cada vez es más común hablar de crianza compartida en el contexto de una relación con alguien que tiene trastorno de personalidad narcisista (TNP) o rasgos narcisistas fuertes. Es posible que usted sea alguien que nunca haya reconocido los rasgos activos o pasivos del trastorno de personalidad narcisista antes de ser copadre de un niño.

Es importante entender que, si estás aquí, es probable que estés tratando con alguien que crees que tiene un trastorno de la personalidad. La naturaleza fundamental de un trastorno de este tipo es que a quienes lo padecen no les preocupa cómo tratan a los demás y tienen muy pocos incentivos para cambiar. Un rasgo bien conocido de los narcisistas es su dificultad para asumir la responsabilidad personal por los resultados negativos, incluso cuando son en gran medida los culpables. A menudo adoptan roles de víctima o mártir. Antes de esperar que su conocimiento de un problema conduzca a un cambio, hay que reconocerlo de antemano: es poco probable que tu co-padre cambie, incluso si reconoce que tiene TNP. Leer toda la literatura relevante no alterará el comportamiento de un padre con un trastorno de la personalidad. No reducirá el trauma de la co-crianza con un narcisista o de tratar con tribunales de familia inexpertos. La estrategia clave es diseñar un plan de crianza que se base en valores compartidos más normativos incluidos en una orden judicial, en lugar de los detalles de un plan de crianza con alto nivel de conflicto o un libro de políticas que restrinja la co-crianza. Este enfoque puede ayudar a contener la trayectoria caótica y preocupante de la expareja con trastorno narcisista de la personalidad.

Definición del trastorno narcisista de la personalidad

Un narcisista no es solo una persona arrogante o egocéntrica, sino también emocionalmente incompetente. El daño narcisista ocurre cuando alguien lo confronta con la verdad y rechaza su fachada, de ahí el término "daño narcisista". El término "narcisista" se utiliza para describir a alguien con trastorno narcisista de la personalidad (TNP). El TNP es un trastorno de la personalidad diagnosticable médicamente que afecta la forma en que una persona piensa y siente sobre sí misma y los demás. Si bien algunas personas pueden presentar síntomas de narcisismo, solo alrededor del 1% de la población cumplirá con todos los criterios para el diagnóstico.

Una persona con TNP puede mostrar grandiosidad, comportándose como si estuviera por encima de los demás y asociándose solo con aquellos que considere similares a sí misma. El narcisismo también puede incluir misoginia y discriminación. La intensidad y las consecuencias del narcisismo de una persona diferirán de las de otra, pero involucra principalmente al TNP. Incluso cuando se señalan estos sesgos, los narcisistas participan en actividades intrusivas como la difamación. Aunque la terapia cognitivo-conductual puede ayudar a las personas con diversos trastornos de la personalidad, manejar el narcisismo, específicamente el TNP, es un desafío. Sin embargo, existen tratamientos disponibles. Para identificar con precisión las características y acciones de un narcisista y diseñar estrategias para minimizar la probabilidad de un mayor daño a partir de su ira vulnerable, es crucial agudizar las habilidades de los sobrevivientes.

El impacto del narcisismo en las relaciones de crianza compartida

Para entender cómo abordar la crianza compartida con un narcisista es necesario analizar los rasgos específicos que la hacen diferente y cómo afecta a los niños y a la relación de crianza compartida.

1. **Visión rígida del mundo** : los narcisistas generalmente creen que su visión del mundo es la única y correcta. Se sienten con derecho a imponer su visión al mundo y esperan que los demás la sigan. Esto a menudo conduce a una falta de reconocimiento de límites por parte del niño, a quien se ve como una extensión del padre. Si bien esto puede parecer cariñoso, ya que el padre a menudo quiere presumir de su hijo, en realidad el niño es incapaz de expresar su verdadero yo.
2. **Inflación del ego** : las personas con TNP a menudo necesitan inflar su ego, generalmente a través de otros que alimentan su deseo de adoración. Para "ganarse" al niño, un padre narcisista puede usar la manipulación y la alienación, apareciendo como el padre supremo mientras menosprecia al otro padre. A medida que el niño crece, el padre narcisista puede alardear de su hijo para demostrar cuánto mejor es que el otro padre.
3. **Dificultad con la crítica** : los narcisistas tienen dificultades con la crítica constructiva y se apresuran a culpar a los demás cuando las cosas van mal en la vida de sus hijos, en lugar de resolver los problemas y trabajar en busca de soluciones. Esto complica la ya compleja tarea de ser padres compartidos.
4. **Perfeccionismo y errores** : los narcisistas son perfeccionistas y, por lo general, no reconocen sus propios errores de pensamiento. En situaciones de divorcio, es común que los hijos se separen y se vuelvan en contra del otro padre, y esto se puede solucionar con intervenciones terapéuticas. Sin embargo, cuando un padre narcisista utiliza la táctica de la alienación, resulta casi imposible separar la ilusión de la realidad a los ojos del niño.

Parte II: Establecer límites con un co-padre narci

Establecer límites claros y firmes

Establecer límites claros y firmes es el primer paso para una crianza compartida eficaz con un narcisista. Establecer rutinas predecibles es crucial. La persona con la que estás trabajando ya tiene experiencia en la relación con sus hijos, por lo que para evitar pisarle los talones y causarle una presión innecesaria, es importante conocer los horarios y las rutinas existentes en el hogar. Crea un entorno seguro en el que el niño pueda desarrollar una rutina con el tiempo sin estar expuesto a demasiados cambios. Participa en actividades divertidas con tus hijastros que fomenten buenos recuerdos y cultiven una relación a lo largo del tiempo.

Cuando la crianza compartida con un narcisista no ha alcanzado un estado de paz y aceptación, es probable que surjan conflictos reiterados. Para evitarlo, es necesario **establecer límites firmes e innegociables** y respetarlos. En foros como Chump Lady, encontrará innumerables historias de personas que fueron intimidadas para que discutieran por cuestiones aparentemente triviales y nimias, desde dónde se sentaba un niño en un avión hasta a qué hora lo dejaban o lo recogían. Estos conflictos están diseñados para causar ansiedad y frustración porque sirven a las necesidades del narcisista.

Establecer límites y gestionar la necesidad del narcisista de "discutir" estos límites es esencial para mantener la paz. Como cualquier abogado de derecho de familia le dirá, **los límites y las órdenes claras y escritas sin ambigüedades** son las mejores herramientas.

Aceptar la realidad de quién es su copadre y cruzar el puente de la paz es la única manera de crear un entorno seguro de copaternidad. Este puente de paz le permite centrarse en usted mismo y en sus hijos, lo que lo protege del caos y la imprevisibilidad del copadre narcisista.

Cómo hacer cumplir los límites de manera eficaz

Una vez que se han establecido límites, es fundamental aplicarlos de manera eficaz. Empiece por etiquetar el comportamiento no deseado de manera rápida y eficaz con un lenguaje directo y honesto, sin ofrecer muchos detalles. Por ejemplo, si su pareja se enfada durante dos horas delante de los niños, sugiera con calma una separación con una frase como: "Encontraré un momento para calmarme y hablaremos de esto en público". Durante esta separación, aleje a los niños de la línea de comportamiento tóxico y manipulador, y utilice el tiempo para consolarlos y animarlos. Una vez que se haya cruzado un límite, explíqueles a los niños que el comportamiento estuvo mal, pero evite hablar más de la situación por respeto.

Para que los límites se cumplan de manera eficaz es necesario entender claramente qué es razonable. Por ejemplo, después de una audiencia de custodia, solicitar un resumen de las pruebas presentadas es un límite razonable. Sin embargo, exigir que se muestren todas las fotografías borrosas que haya tomado el otro padre para ver si su hijo aparece en el fondo no lo es. Los límites solo son eficaces cuando son razonables y exigibles.

Comunicar estos límites de manera eficaz también es fundamental. Establecer una plataforma de comunicación que genere pocos conflictos y respetarla es esencial. Al comunicar un límite, decida si va a enviar un mensaje único o utilizar una respuesta estándar para problemas recurrentes. Un mensaje único comunica una decisión específica, como por ejemplo: "Me toca a mí contar un cuento antes de dormir. A partir de ahora, deja su Kindle o cualquier otro dispositivo electrónico en tu habitación cuando sea mi turno". Esto establece un momento claro para el descanso tecnológico del niño.

Una respuesta estándar podría ser algo como esto: "Entiendo que debe acostar al niño el cuarto domingo de octubre. Espero que pueda recuperar el tiempo perdido según la orden judicial". Esto le informa al otro padre de un límite que se aplicará de manera constante.

Si se ha utilizado una estrategia de comunicación eficaz y sin conflictos y aún así se sobrepasa el límite, es hora de reevaluar e imponer las consecuencias necesarias.

Parte III: Cultivar la paz y la estabilidad en la

E **strategias para gestionar conflictos**
La paz y la estabilidad son fundamentales para criar niños sanos. Sin embargo, estos términos pueden ser subjetivos y significar cosas diferentes para distintas personas. A los efectos de esta guía, la paz y la estabilidad se refieren al intento de limitar, minimizar o gestionar productivamente los conflictos manifiestos mediante la neutralización, que puede servir como factor de protección tanto para los padres como para sus hijos. Los estilos de crianza compartida conciliatorios y positivos se asocian con mayores niveles de seguridad en los niños. Por neutralización, nos referimos a los esfuerzos de los profesionales por detener o al menos interrumpir los conflictos y/o la violencia graves entre los padres. En muchos casos, los padres pueden ponerse de acuerdo sobre los esfuerzos de neutralización para reducir los altos niveles de tensión durante las recogidas o entregas. Si bien se trata de un paso en la dirección correcta, sigue siendo una medida reactiva que consume un tiempo de investigación valioso. Se anima a muy pocos padres a tomar medidas proactivas para evitar que la neutralización llegue a ser necesaria.

Las siguientes secciones ofrecen recomendaciones y estrategias de alto nivel para neutralizar activamente los conflictos y facilitar relaciones más pacíficas y armoniosas. Estas estrategias respaldan la creencia de que una buena relación de trabajo es la base de una crianza compartida eficaz. El enfoque se centra en varios aspectos de cualquier relación de crianza compartida que las personas pueden cultivar para comenzar a encontrar el equilibrio entre sí. Esta sección comienza con una evaluación de la eficacia de los servicios de asesoramiento y educación para padres en la gestión de conflictos entre varios padres. A continuación, ofrece consejos prácticos para involucrar a socios potenciales o nuevos de formas que mejoren el espíritu de equipo y desalienten los posibles conflictos. La sección concluye con consejos para manejar ajustes difíciles como el desempleo, la falta de vivienda u órdenes judiciales/manutención de los hijos.

Atraer una comunidad solidaria

Aunque parezca imposible ser padre o madre de un narcisista, contar con una comunidad que te brinde apoyo puede ser muy valioso. Lleva contigo los números de teléfono de tus amigos y familiares que te brinden apoyo en caso de que necesites ayuda de emergencia. Tu comunidad puede brindarte apoyo emocional y asistencia práctica cuando las cosas se pongan difíciles.

Utilice la técnica de la roca gris

La **técnica de la roca gris** está diseñada para ayudarte a desvincularte del narcisista cuando utiliza tácticas abusivas. Al volverte insensible y desinteresado (esencialmente una "roca gris"), privas al narcisista de la reacción emocional que busca. Esta técnica te ayuda a evitar ser una fuente de suministro narcisista, reduciendo así su control sobre ti.

Programar talleres

Hasta que se emitan las órdenes judiciales, cree sus propios horarios para la logística, como el transporte, el contacto y otras actividades relacionadas con la separación. Estos horarios pueden ser parte de un proceso de revisión y recomendaciones del acuerdo de crianza (PARR, por sus siglas en inglés), que puede ser necesario una vez que vaya al tribunal. Mientras tanto, comunique su disponibilidad para programar conversaciones. Estos talleres se pueden realizar a través de aplicaciones de mensajería o correo electrónico, pero asegúrese de que sean breves y centrados.

Respondiendo a la tensión

Nadie tiene derecho a tratarte mal, pero los narcisistas suelen reaccionar a la defensiva, percibiendo ataques donde no los hay. Esta tensión es perjudicial para los niños. Cuando un narcisista utiliza conductas adaptativas al conflicto, como la intimidación verbal, el sarcasmo burlón, las amenazas o la agresión, intenta utilizar **un tono que refleje** la situación en tus respuestas. Cambia el mensaje, el envoltorio, el lenguaje o el ángulo emocional de tu respuesta para abordar la situación de forma indirecta o metafórica. Por ejemplo, si el narcisista envía una foto de las llaves del coche con un comentario sarcástico como "¿Cuándo querías usarlas la próxima vez?", puedes responder con el día y la hora de la visita del niño y concluir con "¡Nos vemos el domingo!". Esto apacigua la situación sin entrar en el conflicto previsto.

Fomentando la comunicación positiva

En el centro de una crianza compartida eficaz se encuentra **la comunicación positiva**. Esto significa adoptar un estilo de comunicación verbal que no avergüence ni minimice, sino que diga la verdad sobre su experiencia de separación o crianza paralela con un narcisista. Canalice la negatividad para explorar formas de distanciarse más o reforzar los límites, asegurándose de seguir siendo el padre correcto independientemente de los intentos del narcisista de manipular la verdad.

Características de la comunicación positiva

La crianza paralela con un narcisista implica evitar las discusiones directas sobre el bienestar de los niños, no intentar deshacer la programación del otro padre, evitar la triangulación e intercambiar la información necesaria sin ahondar en hechos o creencias subjetivas. Uno de los aspectos más importantes de su " parentectomía " es manejar las reacciones de estrés de manera positiva. Poner fin a la crianza compartida con un narcisista puede estar sumido en la negatividad, pero mantener la crianza paralela permite conexiones e intercambios potenciales más adelante , especialmente en situaciones graves, sin tensión añadida. Lograr la crianza paralela es esencial para proteger a su hijo y a usted mismo del abuso que destruye la autoestima, crea inseguridades profundamente arraigadas y reemplaza la paz por una vida de tensión.

Parte IV: Centrarse en la crianza de niños seguros

Los padres acuden a mí como terapeuta cuando sienten que los efectos emocionales de la crianza compartida con un narcisista están afectando a sus hijos. Este es un tema crucial que debemos abordar. Una vez que hayamos puesto en forma nuestros propios sistemas y reacciones ante las formas manipuladoras del narcisista, debemos ayudar a nuestros hijos. En muchos sentidos, esta es la parte más integral del proceso de recuperación. Los niños nunca deberían ser la muleta o el principal motivador para tomar decisiones saludables con respecto a un narcisista; usted debería serlo. Sin embargo, una vez que se encuentre en una situación más saludable, hacer del bienestar emocional y psicológico de sus hijos una prioridad es esencial.

En esta sección de *Cómo ser co-padre con un narcisista: una guía terapéutica para crear paz, desarrollar resiliencia y criar niños seguros* , analizaremos el impacto que tiene la crianza compartida con un narcisista en los niños, incluidos algunos de los problemas de raíz que genera y cómo los afecta negativamente. Luego, tendremos una conversación más solidaria y empoderadora sobre cómo desarrollar la resiliencia y fomentar una autoestima fuerte y saludable en los niños. Exploraremos formas de adoptar un enfoque de "prevención" para ayudar a proteger a sus hijos de algunos aspectos dañinos de la crianza compartida con un narcisista. Además, hablaremos sobre áreas de empoderamiento para sus hijos: cómo enmarcar su experiencia y hacerlos parte de la solución.

Entendiendo el impacto de la crianza compartida con un narcisista en los niños

Cualquier comunicación sobre el niño parece ser una oportunidad para que el padre narcisista señale lo terrible que es como padre. Sus hijos observan y escuchan cómo la mitad de sus cuidadores disminuyen en influencia y experiencia. El sentido de familia, amor y relaciones estables de su hijo se ve alterado por las repetidas comparecencias en los tribunales y posiblemente por la intervención de los Servicios de Protección Infantil en su vida. Un niño criado en esta dinámica se acostumbra a tener un cuidador que es un enemigo y puede sentir que el otro cuidador nunca lo amó realmente, al ver con qué facilidad participa en dinámicas de dominación.

Las personas narcisistas a menudo carecen de una percepción clara de lo que un niño realmente necesita porque no pueden ver más allá de los límites de su propio niño emocional interior. Algunos incluso pueden aprovecharse de su hijo para golpearte metafóricamente en el estómago. Esto puede ser tan sutil como no decirle algo al niño por miedo a no verse genial o grande, o decirle directamente algo despectivo sobre ti. La mayoría de los hijos de narcisistas divorciados sufren la pérdida de una "familia falsa" porque se aferran a la imagen ideal de lo que debería ser. Durante ese duelo, es común culpar a uno de los padres sobre el otro, un testimonio del amor impulsivo que sienten por una familia que no existe.

Un estudio realizado a 211 estudiantes universitarios estadounidenses concluyó que el impacto de la pérdida de un padre debido al divorcio se duplica cuando uno de los padres tiene rasgos narcisistas. Esto continúa en la vida adulta y se manifiesta en forma de problemas de adicción exagerados al alcohol, las drogas, el dinero, el sexo y el romance para llenar el vacío dejado por la pérdida. Puede parecer que un matrimonio intacto entre dos narcisistas es mejor para el niño que un divorcio de los padres. Sin embargo, con los datos correctos, se puede justificar un mundo de verdad.

Desarrollar la resiliencia y la autoestima en los niños
Centrarse en el bienestar de su hijo es primordial.

La mayoría de las personas narcisistas viven una vida en la que intentan demostrar constantemente su valor. Esta dinámica afecta la configuración interna de su hijo cuando se ve expuesto a ella. No puede cambiar al narcisista, pero puede intervenir temprano con sus hijos para desarrollar fuerza y resistencia. La resiliencia es la capacidad de recuperarse de las adversidades. La ansiedad y el malestar son emociones naturales y motivadores en la vida. Enfatice "el problema" en términos de carácter y fortaleza. Usted es un gran modelo a seguir y sus hijos reflejan su fortaleza y perseverancia.

Los niños que prosperan son aquellos que comprenden la bendición de dar. Los primeros investigadores descubrieron que los niños con baja autoestima recibían un estímulo mínimo de los adultos en sus vidas o de sus compañeros y hermanos. Como resultado, la investigación sobre 2000 estudiantes de secundaria mostró que el estímulo juega un papel importante en su desarrollo. Estos son los niños que realmente prosperan. El núcleo de su grupo de pares no gira en torno a la necesidad de ser positivo. Su núcleo es lo que es: están más allá de la necesidad de ser positivo. Es crucial desarrollar un sistema de creencias sólido en sus hijos y ser coherente.

Nunca supuse que hablaba en nombre de las masas, sino más bien en nombre de un solo niño con esta colección de luchas. Creo que el cambio es posible para todas las familias, especialmente para las familias divorciadas. Un niño no es el divorcio, y una familia sigue siendo una familia, sin importar su deseo de libertad y salud. Su hijo se mantendrá firme en el suelo que usted llena de orgullo, amor y seguridad, y el resto quedará en el camino.

Conclusión

Aquí estamos al final de otro largo viaje de crianza compartida con un narcisista. Ya sea que estés al principio de tu camino o que seas un veterano de la lucha desde hace mucho tiempo, espero que esta guía te haya brindado algo de consuelo y valor. Márcala como favorita y vuelve a leerla tan a menudo como lo necesites. La escribí para ti porque tú la inspiraste. En este mundo, nuestros límites se ganan con esfuerzo, nuestro trabajo es un acto de mantenimiento preventivo y nuestra recompensa es la paz. Tus hijos aprenden que incluso cuando se cruzan tus límites, eres fuerte, indulgente y flexible cuando es necesario. Aprenden que a veces está bien dejar ir porque no todo es importante, pero la paz y el estado de nuestros corazones y mentes sí lo son. En última instancia, son ellos los que se benefician. Puedes arrancar y replantar en cualquier campo al que te lleve el viaje de tu familia.

narcisista , y no gracias a él . Algunos hemos sufrido a pesar de la carga añadida de su espectacular trastorno. Algunos hemos tenido el placer de superar esta agotadora etapa de nuestras vidas. El objetivo de esta guía es ayudarnos a convertirnos en las personas sanas, conscientes y resilientes que he conocido a lo largo de este viaje. Este replanteamiento trata sobre la gracia, el crecimiento y los hijos que criamos. Espero que beneficie a sus hijos practicando la conexión mente-corazón descrita: seguir adelante porque tiene un trabajo precioso que hacer. Es hora de ofrecerles una versión aún más presente, conectada y poderosa de usted. ~ Con cariño, Rebecca

Paz (salaam), hermanas mías. Aunque sea por un rato, paz y bendiciones para todos sus hogares. Poner en práctica la premisa de esta guía requiere tres elementos clave para contrarrestar los efectos de la crianza compartida con un narcisista: límites, paz y criar hijos seguros.

Reflexiones sobre la experiencia de ser co-padre con un narcisista

EspañolSolo había escrito dos artículos en una serie sobre parejas para Psychology Today cuando mi atención se centró por completo en un proyecto en particular. Mientras miraba por la ventana, reflexionando sobre las experiencias y el conocimiento que quería compartir, solo me vino a la mente un tema: cómo ser co-padre con un narcisista. ¡Eso dice mucho! Ahora, dieciséis artículos después, es un momento reflexivo y conmovedor para volver atrás y reflexionar sobre este viaje de seis partes en forma de ensayo. No hay nada como ser co-padre con un "verdadero narcisista". Si bien el término se usa con frivolidad en la jerga moderna, la mayoría de las personas no comparten el "vínculo" posmatrimonial que desarrollan los sobrevivientes de este trastorno. Si bien traté de ponerme en el lugar de quienes buscan en Google con cariño: co-parentalidad con TNP y secretos para la kumbaya, la idealización de la "comunidad" con TNP y las afirmaciones cariñosas sobre la crianza no se aplican dentro del contexto del TNP real.

Los pilares dominantes de esta serie de ensayos reflejan estrategias adaptativas para profesionales como psicólogos, terapeutas y padres-coaches, expertos en familias, matrimonio, divorcio y crianza compartida. Montserrat Gas, Ph.D., concluyó la serie escribiendo la quinta parte. Las conclusiones profesionales clave resumen muy bien el trabajo que hemos cubierto hasta ahora. Si tienes o tuviste un ex con TNP e hijos, probablemente suspiraste y te reíste al pensar en "adaptar tus metas de crianza compartida" y "elegir tus batallas". La Dra. Fine no participa en las "alegrías de la crianza compartida, la crianza superior o hacer que la vida del otro sea miserable". Más bien, mis palabras son para los padres. ¿La conclusión general? Cada uno de nosotros puede y debe buscar en su interior y sanar las cicatrices de una relación con un narcisista.

Preguntarse si la crianza compartida con un narcisista fue algo bueno o malo es una pregunta sin sentido. Al observar la forma en que mi ex NPD se comportó mal, a veces siento que nunca hice ningún progreso. Pero el panorama general revela que el progreso no siempre se puede medir en términos simples. El crecimiento proviene de innumerables momentos de castigo, a veces tontos, como poner a mi ex NPD en guardia con anticipación para eventos importantes (para no parecer sorprendido cuando se presenta en mi puerta medio llorando, o cuando alguien viene a hacer un procedimiento de ejecución hipotecaria). Este viaje incluso me ha ayudado a hacer amigos lentamente y a comprender a través de las perspectivas de la terapia freudiana y cognitivo-conductual, relacionándola con películas de ninjas y películas como "Matrix".

www.ingramcontent.com/pod-product-compliance
Lightning Source LLC
LaVergne TN
LVHW092103060526
838201LV00047B/1555